CHINESISCHES HOROSKOP

AFFE

KWOK MAN-HO

arsEdition

Ein Dorling-Kindersley-Buch

Senior Editor Sharon Lucas
Art Editor Camilla Fox
Managing Editor Krystyna Mayer
Managing Art Editor Derek Coombes
DTP Designer Doug Miller
Production Controller Antony Heller

Illustrationen: Danuta Mayer 4, 8, 11, 17, 27, 29, 31, 33, 35; Giuliano Fornari 21; Jane Thomson; Sarah Ponder.

Fotografien: Steve Gorton, Eric Crichton, Jo Foord, Philip Gatward, Dave King, Stephen Oliver, Tim Ridley, Matthew Ward. Unser Dank gilt: The Bristol City Museum & Art Gallery/Oriental Section, The British Museum, Chinese Post Office, The Board of Trustees of the Victoria & Albert Museum.

Bildnachweise: Circa Photo Library 12; The Fan Museum – Hélène Alexander Collection 19 M. l.; mit freundlicher Genehmigung von The Board of Trustees of the Victoria & Albert Museum 13.

Ins Deutsche übertragen von Blanca Dahms
Printed and bound in Hong Kong

ISBN 3-7607-1166-9

Inhalt

Die chinesische Astrologie

Seit Jahrtausenden bedienen sich die Chinesen der Astrologie und der Religion, um zwischen Mensch und Natur ein harmonisches Verhältnis herzustellen.

Der Ursprung der zwölf Tierkreiszeichen der chinesischen Astrologie – Ratte, Büffel, Tiger, Hase, Drache, Schlange, Pferd, Ziege, Affe, Hahn, Hund und Schwein – wird wohl für immer ein Rätsel bleiben. Dennoch haben diese Symbole eine tiefe Bedeutung. Sie stehen nicht nur für allgemeine Tendenzen eines Jahres und gute oder schlechte Zeiten, sondern gelten auch als Spiegelbilder des Universums.

Symbol von Yin und Yang
Weiß steht für die weibliche Kraft des Yin und Schwarz für die männliche des Yang.

Yin und Yang

All unsere Charakterzüge und Stimmungen, unser Gesundheitszustand und unser Schicksal sind Ausdruck übergeordneter Prozesse im Universum. Die Chinesen glauben, daß alle Lebewesen und Dinge im Universum durch die dynamischen kosmischen Kräfte von Yin und Yang im Gleichgewicht gehalten werden. Yin steht für das weibliche Prinzip, für Wasser, Kühle, Mond und Regen. Yang ist das maskuline Prinzip, das Feste, die Wärme, Sonne und Erde. Nach altem Glauben entstanden aus den konzentrierten Kräften von Yin und Yang die vier Jahreszeiten und aus ihrer Aufspaltung die Vielzahl von Geschöpfen auf Erden.

So werden auch die zwölf chinesischen Tierkreiszeichen entweder mit Yin oder mit Yang verbunden. Im Winter steigt der Einfluß von Yin, während sich mit dem herannahenden Frühling wieder die Kräfte des Yang durchsetzen. Auch der Lauf eines Tages wird vom ständigen Wechsel und vom

Zusammenspiel der beiden Pole beherrscht. Aber natürlich sind auch wir ihrem Einfluß unterworfen.

In jedem Menschen wirkt ein individuelles Kräfteverhältnis von Yin und Yang, das unsere Stimmungen, Pläne und Gesundheit bestimmt. Darüber hinaus reagieren wir auf äußere Einflüsse wie Wetter, Umgebung und Mitmenschen.

Die fünf Elemente

Alles, was wir berühren, sehen oder schmecken können, gehört zu einem der fünf Grundelemente - Holz, Feuer, Erde, Gold und Wasser.

Das Element Gold zum Beispiel wird dem Affen und dem Hahn zugeordnet. Es repräsentiert die Farbe Weiß, scharfe Speisen, den Herbst und den Kummer. Das Wirken der verschiedenen Elemente beeinflußt unser Schicksal.

Entdecken Sie Ihr Selbst

Die chinesische Astrologie kann Ihnen helfen, ein gesundes Gleichgewicht zwischen Ihrem Yin und Yang herzustellen. Sie zeigt Ihnen, welches Element Ihnen entspricht und welche Farbe, Geschmacksrichtung und welches Temperament und Körperteil Ihrem Zeichen zugeordnet sind. Aufgrund Ihrer Geburtsdaten - Jahr, Tag, Stunde - können Sie in Ihre Zukunft schauen.

Sie können herausfinden, welchen Leuten Sie sympathisch sind und welcher Beruf zu Ihrer Persönlichkeit paßt. Sie können Ihre Gefühlsschwankungen begreifen, ebenso Ihre Reaktionen auf neue Menschen und Umgebungen. Kurz gesagt: Sie erkennen, was Sie einzigartig macht.

Wahrsagestäbchen

Sehr beliebt ist in China auch die alte Wahrsagetechnik mit Stäbchen. Deren Deutung kann man in einem Orakelbuch nachlesen.

Ihr Horoskop

Im Gegensatz zum Kalender der westlichen Welt, der sich am Lauf der Sonne orientiert, richtet sich der chinesische Kalender nach dem Lauf des Mondes.

Zur Berechnung Ihres chinesischen Horoskops überprüfen Sie mit der Tabelle auf Seite 44 und 45 zunächst Ihr Geburtsjahr – vor allem, wenn Ihr Geburtstag in die ersten Monate des Jahres fällt. Das chinesische Jahr beginnt in der Regel erst im Januar oder Februar, und womöglich gehören Sie deshalb zum Vorjahr. Nicht jeder, der 1961 geboren ist, steht auch unter dem Einfluß des Büffels. Vielmehr gehören alle, die vor dem 15. Februar Geburtstag haben, zum Vorjahr, zum Jahr der Ratte.

Der Kreislauf von 60 Jahren

Die Chinesen messen die Zeit in Zyklen von 60 Jahren. Innerhalb dieser Spanne erscheinen fünfmal die zwölf chinesischen Tierkreiszeichen, allerdings jedesmal in leicht abgewandelter Form. Sind Sie beispielsweise im Jahr 1944 geboren, gelten Sie als Affe, der auf den Baum klettert; und die im Jahr 1980 Geborenen bezeichnet man als Affen im Obstbaum.

Monat, Tag und Stunde

Die zwölf Monate des chinesischen Kalenders lassen sich nicht mit den zwölf Monaten des westlichen Kalenders gleichsetzen, denn sie richten sich nach dem Lauf des Mondes und nicht nach dem der Sonne. In China hat ein Monat gewöhnlich 29 bis 30 Tage, und alle drei Jahre wird ein zusätzlicher Monat hinzugefügt, um mit der westlichen Kalenderrechnung Schritt zu halten. Eine chinesische Stunde entspricht zwei westlichen, und die zwölf chinesischen Stunden werden den zwölf Tierkreiszeichen zugeordnet.

Jahr, Monat und Stunde Ihrer Geburt sind die entscheidenden Faktoren in der chinesischen Astrologie. Sobald Sie sie berechnet haben, können Sie sich Ihr persönliches Horoskop erstellen.

- Wasser
- Erde
- Gold
- Holz
- Yin
- Feuer
- Yang

Der chinesische Tierkreis

Um die Mitte, das Symbol von Yin und Yang, sind die chinesischen Schriftzeichen für die zwölf Tiere angeordnet. Der Farbstreifen symbolisiert deren Element, und der Außenring zeigt, ob sie Yin oder Yang angehören.

AFFE

Mythen und Legenden

EINER CHINESISCHEN LEGENDE ZUFOLGE WOLLTE DER JADEKAISER, DER HERRSCHER DES HIMMELS, DIE ZWÖLF INTERESSANTESTEN TIERE DER ERDE SEHEN. DER AFFE ERHIELT DEN NEUNTEN RANG.

Die Gestalt des Affen kommt in vielen chinesischen Legenden vor. Manche Stämme führen sogar ihre Herkunft auf die geschlechtliche Vereinigung einer Frau mit einem Affen zurück.

Affenkönig und Freunde
Auf dem Wandrelief der Großen Pagode von Tschengdu (17. Jh.) führt der Affe eine Reihe von Sagengestalten an.

In Südchina verehrt man den legendären Affengott als »Großer Weiser, dem Himmel ebenbürtig«. Beim Volk wird er stets mit Ehebruch in Verbindung gebracht. Bilder von Affen zu Pferde werden traditionell verschenkt und drücken den Wunsch aus, der Empfänger möge befördert werden.

Die Sage vom Affen

Im berühmten chinesischen Epos, »Die Reise nach Westen«, auch bekannt als

Zwei Jadeaffen

Die fein geschnitzten Äffchen aus der Ch'ing-Dynastie (1644 - 1911 n. Chr.) halten einen Pfirsich, ein Symbol für langes Leben.

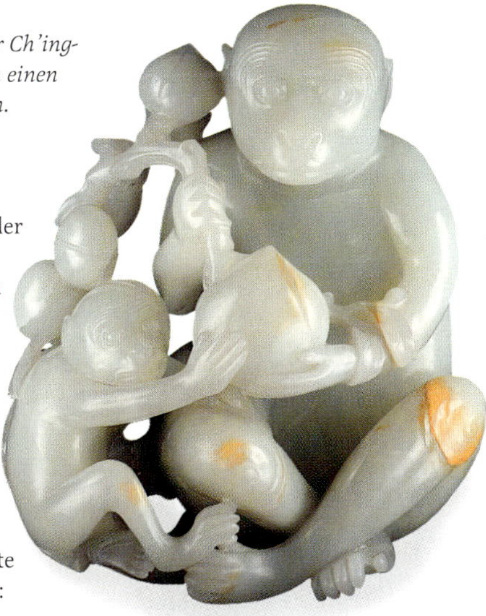

»Affe«, treten Affen als Götter auf. Affe, der König der Affen, gab auf der Erde immer wieder Anlaß für Unruhe, weswegen der Jadekaiser ihm einen Posten im Himmel anbot.

Allerdings war es nur ein sehr niedriger Posten, und Affe kehrte erzürnt zu seinem geliebten irdischen Affenheer zurück. Der Jadekaiser hetzte seine himmlischen Krieger hinter ihm her, doch Affe schlug sie vernichtend. Zum Ruhme seiner Tapferkeit hißte Affe ein Banner mit der Aufschrift: »Großer Weiser, dem Himmel ebenbürtig«.

Schließlich gelang es mit Hilfe von Kuan Yin, der Göttin der Gnade, Affe einzufangen, doch es war Buddha, der ihn Demut lehrte. Affe wurde zu Buddha geführt. Der Erleuchtete setzte ihn auf seine Hand und forderte ihn auf: »Spring aus meiner Hand.« Affe lachte: »Ich kann bis an den Rand des Universums springen.« »Gut«, sprach Buddha, »wenn du dort ankommst, setze deine Marke.«

Affe rannte Millionen von Meilen, bis er bei fünf gigantischen Pfeilern anlangte. Dort schrieb er: »Der große Weise, dem Himmel ebenbürtig, war hier«, und urinierte an den mittleren Pfeiler. Dann kehrte er zu Buddhas Hand zurück: »Ich habe getan, wie du mich geheißen hast.«

»Aber dabei hast du meine Hand nicht verlassen«, sagte Buddha. Affe erkannte seine Inschrift auf dem Mittelfinger der Hand, und es roch stark nach Affenharn. Endlich hatte er seinen Meister gefunden.

AFFE

PERSÖNLICHKEIT

DER UNABHÄNGIGE, SCHLAUE UND GESELLIGE AFFE PASST SICH NEUEN SITUATIONEN MÜHELOS AN. ER IST GEISTIG REGE UND LIEBT DIE HERAUSFORDERUNG.

Sensibilität ist eine Ihrer größten Tugenden, und Sie zeigen Mitgefühl für andere. Stets sind Sie bereit, für eine gerechte Sache zu kämpfen. Oft verhalten Sie sich ausgesprochen opportunistisch und tun alles, um Ihren Ruhm zu mehren.

Handlungsweise

Von innerer Rastlosigkeit beseelt, hassen Sie Fesseln jeglicher Art. Ihre Unternehmungslust verlangt nach Abwechslung, und Ihre Sinne nach Anregung. Ihr kühner Geist erlaubt es Ihnen, Situationen rasch zu erfassen und daraus maximalen Nutzen zu ziehen. Sie beherrschen das Spiel von Intrige und Manipulation, doch Sie setzen diese Begabung weise ein. Andere profitieren von Ihrer Gerissenheit ebenso wie Sie selbst. Werden Sie von Menschen oder Ereignissen in die Enge getrieben, reagieren Sie prompt und schlau. Mit großem Ideenreichtum winden Sie sich aus jeder Gefahr, ohne sich selbst preiszugeben.

Affengesicht

Diese schelmische Tonfigur aus dem Fernen Osten ist im 2. oder 3. Jahrhundert entstanden.

Seelenleben

Ihr Selbstvertrauen blüht auf, wenn Sie im Mittelpunkt einer Gruppe stehen, die Sie mit Ihrem köstlichen Humor und Ihren geistreichen Thesen unterhalten. Doch manchmal werden Sie auch laut und dominant und unterdrücken andere Meinungen.

Dieses Verhalten rührt von Ihrem

übergroßen Verlangen, akzeptiert und verstanden zu werden. Sobald Sie sich vom Geschehen ausgeschlossen fühlen, sind Sie zutiefst verletzt und befürchten, daß man Sie grundsätzlich ablehnt. Ihre Unsicherheit verbergen Sie aber gut, und andere haben den Eindruck, daß Sie alles auf die leichte Schulter nehmen.

Sie sind ein großzügiger, geistreicher Freund. Es bereitet Ihnen aufrichtig Freude, sich um andere zu kümmern und auf ihre Ängste und Nöte einzugehen. Dabei schweifen Ihre Gedanken allerdings manchmal unabsichtlich ab, da Sie sich immer von neuen Ideen und Interessen begeistern lassen.

Im Gefühlsleben zeigen Sie sich lebhaft und engagiert, und Sie wünschen sich eine lebendige, unterhaltsame Beziehung, in der Sie sich nicht langweilen.

Affen sind als Eltern ausgesprochen liebevoll. Sie akzeptieren ihre Kinder mit allen Fehlern und teilen gern deren Interessen.

Sitzender Affe

Farblich variiert Jade je nach Eisengehalt von weiß bis dunkelgrün. Dieser bezaubernde weiß-braune Affe wurde im China des 19. Jahrhunderts geschnitzt.

Der Affe als Kind

Als Kind hat der Affe eine lebhafte Phantasie und erweist sich sowohl in der Schule als auch zu Hause als sehr anpassungsfähig.

Wenn er überreizt ist, muß man ihm gut zureden. Kleine Affen sind manchmal übertrieben kritisch und müssen lernen, geduldiger zu sein.

AFFE

LIEBE

AFFEN BESTECHEN DURCH IHRE ANZIEHUNGSKRAFT, INTELLIGENZ UND BEGEISTERUNGSFÄHIGKEIT. EINEM EBENBÜRTIGEN PARTNER SIND SIE TREUE UND LIEBEVOLLE LEBENSGEFÄHRTEN.

Zu Beginn einer Beziehung sind Sie berauscht vor Leidenschaft und Aufregung, doch wenn sich die erste Begeisterung legt, werden Sie kritischer. Schwächen zu übersehen, fällt Ihnen schwer. Sobald in Ihrer Beziehung etwas nicht stimmt, möchten Sie am liebsten davonlaufen. Sie haben ein charmantes Wesen, doch muß Ihr Partner immer aufmerksam auf Ihre Bedürfnisse eingehen.

Manchmal erstickt Ihre Unberechenbarkeit jedes Glück im Keim. Wenn Sie aber jemandem begegnen, auf den Verlaß ist und der Sie immer wieder überrascht und anregt, werden Sie wahrscheinlich eine ausgesprochen glückliche Partnerschaft erleben.

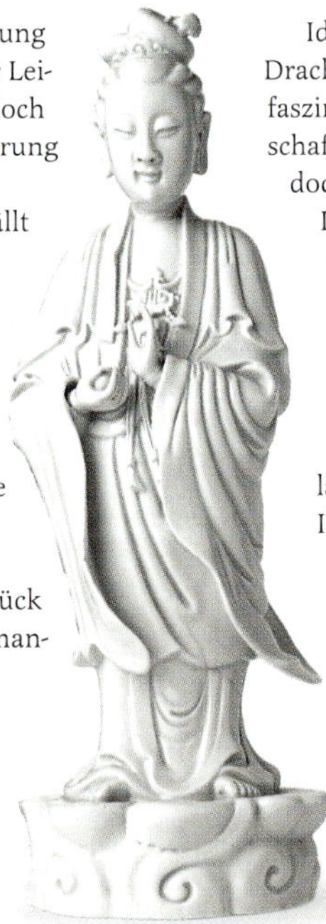

Ideal passen Ratte und Drache zu Ihnen. Bei der Ratte faszinieren Sie Klugheit, Leidenschaft und Opportunismus, doch muß sich diese vor Ihren Launen hüten. Ihre Vielseitigkeit beeindruckt den Drachen, und Sie bezaubern einander. Dem Büffel gefällt Ihre Lebhaftigkeit, und Sie schätzen an ihm seine Verläßlichkeit. Wenn es Ihnen gelingt, Ihre Zunge

Die Göttin der Liebe
Kuan Yin, einst in der chinesischen Mythologie eine männliche buddhistische Gottheit, ist heute als Sun-tsu oder Göttin der Gnade bekannt, die Kindersegen schenkt.

Das Rad der Harmonie

Suchen Sie die Tierkreiszeichen, die vor dem gleichen farblichen Hintergrund abgebildet sind wie Ihres. Der Affe liegt in einem rosa Feld, paßt also am besten zur Ratte und zum Drachen. Das Symbol in der Mitte steht für das Glück der Zweisamkeit.

im Zaum zu halten, vertragen Sie sich auch gut mit dem abenteuerlustigen Tiger.

Ihre Gerissenheit imponiert dem vorsichtigen Hasen, der Ihnen im Austausch Verständnis und Zärtlichkeit bietet. Überdies genießen Sie Intelligenz und Mut eines anderen Affen. Das ehrliche Schwein müßte Ihre Tricks und Ränkespiele durchschauen.

Beziehungen mit Ziege, Hund, Hahn, Schlange und Pferd könnten anstrengend werden. Zwar ist die Ziege ähnlich temperamentvoll wie Sie, doch sie ist Ihnen auch zu unselbständig, und dem Hund mißfällt womöglich Ihre sorglose Art.

Obwohl Sie genauso gesellig sind wie der Hahn, fühlen Sie sich miteinander gelegentlich unwohl. Ihre Unberechenbarkeit könnte die Schlange verunsichern. Das gefühlvolle Pferd findet Sie als Partner meist zu unsensibel.

Orchidee

Lan Hua, die Orchidee, ist in China die Blume der Liebe und Schönheit. Als Fruchtbarkeitssymbol bedeutet sie reichen Kindersegen.

AFFE
BERUF

DER FLEISSIGE AFFE BRAUCHT ABWECHSLUNG UND HERAUSFORDERUNG. DA ER ROUTINE HASST, FÜHLT ER SICH DURCH EINE SICHERE, ABSEHBARE LAUFBAHN RASCH EINGEENGT.

FREMDWÄHRUNGEN

Börsenmakler

Selbst bei unerwarteten Belastungen gelingt es dem Affen immer, seine finanziellen oder persönlichen Interessen gleichermaßen gut zu wahren. Folglich eignet er sich hervorragend als Börsenmakler.

HOCKENDER AFFE

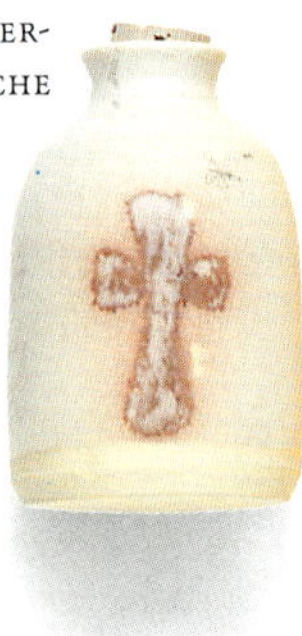

WEIHWASSERFLASCHE

Theologe

Als Seelsorger kann der Affe sein Kommunikationstalent einsetzen und seinen scharfen Verstand schulen. Der blaßgrüne, hockende Affe rechts stammt aus dem China des 16. oder 17. Jahrhunderts und wurde zum Verbrennen von Weihrauch bei der religiösen Andacht benutzt.

Rasender Reporter

Mit seiner raschen Auffassungsgabe, seiner Reiselust und seinem Ideenreichtum eignet sich der Affe bestens für eine journalistische Karriere.

FLUGZEUG

Designer

Zwar gilt der Affe nicht als großer Künstler, doch mangelt es ihm nicht an Talent. So könnte er als Kalligraph arbeiten. Auf diesem Fächer aus dem 19. Jahrhundert sind die Schriftzeichen in Gold gepinselt.

CHINESISCHER FÄCHER

KILOMETERZÄHLER

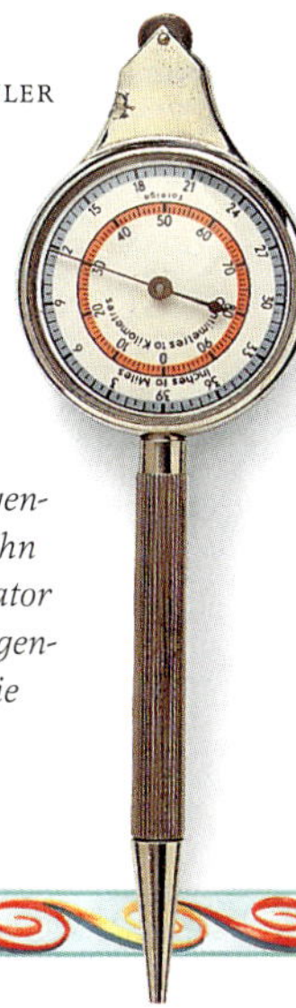

Organisator

Der Affe besitzt einen untrüglichen Instinkt für gute Gelegenheiten, was ihn zum Organisator qualifiziert. Nötigenfalls trifft er rasch die richtige Entscheidung.

KARTEN UND FOTOS

GESUNDHEIT

YIN UND YANG SIND IM KÖRPER STÄNDIG IM FLUSS. DIE GESUNDHEIT DES MENSCHEN BERUHT AUF DEM HARMONISCHEN GLEICHGEWICHT ZWISCHEN DEN BEIDEN KRÄFTEN.

Der menschliche Körper wird von zwei Kräften beherrscht, die in uns fließen und die ein natürliches Mindest- und Höchstmaß nicht überschreiten dürfen: der Blutkreislauf, eine Yin-Kraft, und der Fluß der Körperenergie, das Ch'i, das dem Yang zugeordnet ist. Die geringste Verschiebung im Gleichgewicht von Yin und Yang im Körper kann unsere Gesundheit beeinträchtigen. Yang-Krankheiten lassen sich heilen, indem man Yin zuführt, und Krankheiten des Yin werden durch eine Yang-Therapie behandelt.

In jedem Menschen herrscht ein anderes Verhältnis von Yin und Yang. Meist hat ein temperamentvoller Mensch starke Yang-Kräfte, während ein friedlicher Mensch eher von Yin-Energien beseelt ist.

Bevor ein chinesisches Heilmittel verschrieben wird, muß die Stimmung des Patienten berücksichtigt werden. Denn auch Gefühle wie Freude, Zorn, Trauer, Fröhlichkeit, Sorge, Nachdenklichkeit und Angst sollten ausgewogen bleiben. Ist dies erreicht, spricht man von einer Harmonie der sieben Empfindungen.

Lingchih-Pilz

Auf dieser Schale aus der Ch'ing-Dynastie ist der »unsterbliche« Lingchih-Pilz abgebildet, ein Symbol für langes Leben.

Chinesische Wolfsbeeren

Mit der Wurzelrinde dieser Pflanze wird bei den Chinesen Diabetes behandelt.

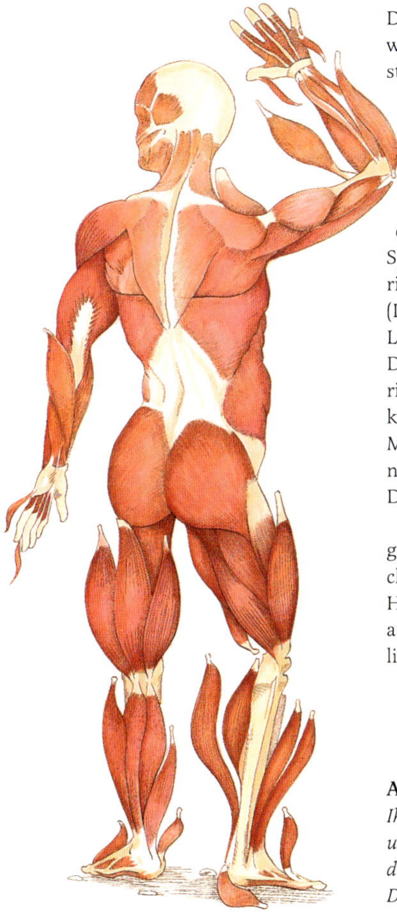

Dem im Jahr des Affen Geborenen wird das Element Gold zugeordnet. Es steht mit der Lunge, dem Dickdarm, der Nase, der Haut und den Haaren in Verbindung. Diese Körperpartien haben entscheidenden Einfluß auf Ihre Gesundheit. Außerdem gehören zum Affen das Gefühl des Kummers, die Vorliebe für scharfe Speisen sowie als Heilkraut die Wurzelrinde der chinesischen Wolfsbeere (Lycium chinense), mit deren Samen Leber- und Nierenkrankheiten sowie Diabetes behandelt werden. Die Wurzelrinde ist Zutat der chinesischen Süßkartoffelsuppe, die zur Heilung von Milz, Magen, Lunge und Nieren eingenommen wird und auch Diabetiker-Durst lindert.

Die chinesische Medizin verlangt großes Können, daher dürfen Sie die chinesische Wolfsbeere oder andere Heilpflanzen nicht ohne den Rat eines ausgebildeten chinesischen oder westlichen Arztes anwenden.

Astrologie und Anatomie

Ihrem Element, dem Gold, werden Lunge und Dickdarm zugeordnet. Während die Lunge ein Yin-Organ ist, ist der Dickdarm ein Yang-Organ.

AFFE

HOBBYS

DER HANDWERKLICH GESCHICKTE AFFE BASTELT UND REPARIERT GERN. ER LIEBT DIE ABWECHSLUNG UND DAS RISIKO GENAUSO WIE INTERESSANTE MENSCHEN UND ORTE.

Roulette

Glücksspiele betrachtet der Affe als angenehmen Zeitvertreib. Aufgrund seiner Verschlagenheit betrügt er gelegentlich, um zu gewinnen.

ROULETTERAD

JADEAFFE, AUF EINEM PONY REITEND

Pferderennen

Der Affe wird häufig mit Pferden in Verbindung gebracht. Einen ponyreitenden Affen zu verschenken, drückt in China den Wunsch aus, daß der Beschenkte befördert werden möge. Auf der Rennbahn faszinieren den Affen die geschickten Jockeys und die schnellen Pferde.

REITPEITSCHE

Narren-
schuhe

Entertainer

Der Affe ist sehr unterhaltsam und der geborene Clown. Bei Hofe wäre er wohl als Hofnarr angestellt. In überraschenden Situationen fühlt sich der Affe am wohlsten, dann kann er mit seinen schelmischen Einfällen glänzen.

Laufschuh

Jogging

Der Affe haßt die Routine von strengem Training, joggt aber gern, da er dabei ganz auf sich gestellt ist. Wettbewerb spornt ihn zu Höchstleistungen an.

Wasserski-
Handschuhe

Wasserball

Wassersport

Der Affe genießt alle schnellen Sportarten, doch Wassersport fasziniert ihn ganz besonders, wie zum Beispiel Wasserski. Auch schlichte Spiele wie Wasserball machen ihm Vergnügen.

AFFE

SYMBOLE

JEDEM TIERKREISZEICHEN WIRD EINE BESTIMMTE SPEISE, HIMMELSRICHTUNG, FARBE, EMOTION, ASSOZIATION UND EIN EIGENES SYMBOL ZUGEORDNET.

PORZELLAN-AFFEN

Farbe

In China gilt strahlendes Weiß als Farbe der Reinheit, und Weiß ist auch die Farbe des Affen. Diese Gruppe von vier Porzellanaffen stammt aus der Ch'ing-Dynastie.

GEWÜRZNELKEN

Speise

Dem Affen sind scharfe Nahrungsmittel, zum Beispiel Gewürznelken, zugeordnet.

Winkel

chinesischer Kompass

Symbol

Das Symbol des Affen in der chinesischen Astrologie ist der Winkel.

Himmelsrichtung

Im Gegensatz zum westlichen Kompaß, der nach Norden weist, zeigt der chinesische nach Süden. Die Himmelsrichtung des Affen ist der Westen.

Emotion

Die dem Affen zugeordnete Emotion ist der Kummer.

Trauriges Baby

Assoziation

Mit dem Affen wird Gerechtigkeit assoziiert.

Waage der Justitia

Der Affe, der auf den Baum klettert

1944 und 2004

Dieser Affe, der in seiner natürlichen Umgebung lebt, weiss seine Chancen zu nutzen. Ihm sind Bäume und Erfolg zugeordnet, eine glücksbringende Kombination.

Generell steht der Affe unter einem günstigen Stern. Die schwierigen Aspekte seiner Persönlichkeit gleicht der Affe, der auf den Baum klettert, zum Glück aus.

Persönlichkeit

Dank Ihrer bemerkenswerten Persönlichkeit kommen Sie zeitlebens gut voran, erleben aber auch manche Enttäuschung. Sie glauben, Sie könnten erfolgreicher sein als andere, wenn Sie nur die Chance dazu hätten. Daher wirken Sie manchmal arrogant, ungeduldig oder schlicht unhöflich.

Im Team zu arbeiten, fällt Ihnen meist ausgesprochen schwer. Fassen Sie sich in Geduld, denn Ihre vielseitigen Begabungen werden zu guter Letzt bestimmt anerkannt, und dann können Sie Ihr volles Potential erst richtig entfalten.

Freundschaft

Da Sie wie alle Affen viel Temperament besitzen, erfreuen Sie sich großer Beliebtheit. Wenn Sie erst die Früchte des Erfolgs gekostet haben, kommen Ihre Freunde wohl noch häufiger in den Genuß Ihrer Gesellschaft, denn dann sind Sie viel entspannter.

Partnerschaft

Bemühen Sie sich, im Gefühlsleben ruhig und geduldig zu sein, und lassen Sie sich nicht überstürzt auf eine langfristige Bindung ein. Auf den richtigen Partner müssen Sie womöglich lange warten, doch wenn Sie ihn gefunden haben, können Sie eine gute Beziehung aufbauen.

Elternschaft

Höchstwahrscheinlich bleiben Sie lange Zeit kinderlos, was jedoch zweifellos

Affe, der auf den Baum klettert

Vorteile hat. Denn erst, nachdem Sie sich beruflich etabliert haben, können Sie sich intensiver dem Familienleben widmen und Ihren Kindern die nötige Aufmerksamkeit schenken.

Aussichten

Wenn Sie älter werden, finden Sie die Anerkennung, die Ihnen zusteht. Dank Ihrer Erfolge können Sie Ihr Leben vermutlich ganz behaglich einrichten. Ihnen werden immer weniger Steine in den Weg gelegt.

Hüten Sie sich jedoch vor Zwecklügen aus pragmatischen Gründen. Diese typische Unart der Affen könnte Ihre Glückssträhne zunichte machen. Unterdrücken Sie diesen Charakterzug, und versuchen Sie konsequent ehrlich zu bleiben.

Der Affe, der den Berg erklimmt

1956 und 2016

Diesen Affen reizt die Herausforderung, Berge zu erklimmen. Aus der natürlichen Umgebung gelöst, kann das Leben für ihn aber äusserst anstrengend werden.

Ihr Symbol ist das Feuer im Haus. Einerseits geben Sie Wärme und Geborgenheit, andererseits können Sie aber auch Brände auslösen und Zerstörung bewirken. Üben Sie daher in allen Lebensbereichen Umsicht und Zurückhaltung.

Sie verfügen zwar über vielversprechendes Potential, doch müssen Sie auch erhebliche Risiken eingehen. Versuchen Sie stets korrekt zu handeln, dann haben Sie die besten Erfolgschancen.

Persönlichkeit

Ihr größtes Problem liegt in Ihrer Neigung, sich zu überanstrengen. Die meisten Affen sind felsenfest überzeugt, jede Hürde nehmen und selbst hohe Berge erklimmen zu können, doch müssen Sie auf sich achtgeben. Auch wenn die große Herausforderung Sie reizt, sind Sie nicht immer in der Lage, sie mit Leichtigkeit zu meistern. Lernen Sie die vorgegebenen Grenzen Ihres Könnens und Ihres Intellekts zu akzeptieren und neuen Chancen vorsichtiger zu begegnen.

Solange Sie realistische Herausforderungen nicht scheuen, dabei aber vernünftig bleiben, müßte Ihnen Erfolg beschieden sein.

Partnerschaft

In Herzensangelegenheiten dürfen Sie nicht zulassen, daß Leichtsinn und Selbstsucht des Affen Ihr Leben bestimmen.

Ob es sich nun um eine berufliche Partnerschaft oder eine Liebesbeziehung handelt: Sie sollten die Risiken, die Sie eingehen, stets genau abwägen. Bedenken Sie auch, daß Ihnen

Affe, der den Berg erklimmt

sämtliche Verlockungen außerhalb Ihrer Beziehungen nur Leid bringen können.

Aussichten

Ihre Finanzen sollten Sie umsichtig verwalten. Lassen Sie sich nicht zur Verschwendung hinreißen, denn vielleicht ergibt sich nie wieder eine Gelegenheit, Ihren Gewinn zu mehren.

Es dürfte sich lohnen, Investitionen auf Ihre Vorteile hin zu prüfen – verzichten Sie lieber auf unmittelbare Erträge, und freuen Sie sich auf den Zugewinn im späteren Leben. Diese vernünftige Haltung trägt Ihnen Respekt ein. Mit der Zeit dürften Ihnen sogar Ruhm und Glück beschieden sein.

In Ihnen verbindet sich Geschick mit Risikobereitschaft – doch könnten sich dieselben Kräfte, die für Ihr Wohlergehen sorgen, auch als zerstörerisch erweisen.

Solange Sie Umsicht bewahren, strahlt Ihre Persönlichkeit Sicherheit und Geborgenheit aus. Mit Achtlosigkeit schaden Sie nur sich und anderen.

Der einsame Affe

1908 und 1968

Trotz seines Namens ist der einsame Affe nicht unbedingt ein Kind von Traurigkeit, allerdings leidet er oft unter familiären Schwierigkeiten.

Da Ihr Symbol das Schneiden ist, fällt es Ihnen nicht schwer, andere Leute zurechtzustutzen.

Persönlichkeit

Im Grunde lassen sich alle Probleme in Ihrem Leben auf diese fundamentale Schwäche zurückführen. Sie halten nicht mit Ihrer Meinung hinterm Berg und üben sehr gern Kritik.

Versuchen Sie mehr Rücksicht zu zeigen und weniger egozentrisch zu sein. Zwar sind Sie hochintelligent und schlagfertig, doch sollten Sie Ihren Überschwang bremsen, da er Ihren Beziehungen zu Familie und Freunden schaden könnte.

Ihre Stimmungsumschwünge kommen Ihnen manchmal selbst bedenklich vor, und um so befremdlicher wirken sie auf andere.

Allzu oft lassen Sie sich von Leuten oder Umständen aus dem Gleichgewicht bringen. Diese Eigenschaft sollten Sie unter allen Umständen in den Griff bekommen.

Familie

Leider kommen etliche Schwierigkeiten in der Familie auf Sie zu. Die Beziehung zu Ihren Eltern ist vermutlich erträglich, doch könnten sich mit Ihren Kindern ernsthafte Probleme ergeben. Auch zwischen Ihren Geschwistern und Ihnen gibt es mancherlei Anlaß zu Streitereien.

Aussichten

Ihr Fleiß und Ihre Ausdauer tragen reichlich Früchte. Ihre Arbeit macht sich finanziell bezahlt, auch wenn Sie nicht übermäßig reich werden.

Glücklicherweise sind Sie nicht verschwenderisch, weswegen Sie nie in

Einsamer Affe

Geldnot geraten dürften. Durch Intelligenz in Kombination mit Fleiß und Risikobereitschaft ziehen Sie die Aufmerksamkeit Ihrer Vorgesetzten auf sich, die Ihre vielen guten Eigenschaften entdecken und Ihre Karriere fördern.

Hüten Sie jedoch Ihre scharfe Zunge, denn andere Menschen, insbesondere Vorgesetzte, könnten beleidigt oder gereizt reagieren.

Denken Sie daran, daß Sie mit Schneiden assoziiert werden, was auch bedeutet, daß unbedachte Handlungen Ihre Erfolge in jedem Lebensbereich vorzeitig zunichte machen könnten.

Wenn Sie diesen Aspekt Ihrer Persönlichkeit beherrschen lernen, werden Sie feststellen, daß sich Ihre Beziehung zu Angehörigen und Kollegen wesentlich verbessert.

Der Affe im Obstbaum

1920 und 1980

Dieser Affe ist von köstlichen Früchten umgeben, und nichts hält ihn davon ab, sich daran gütlich zu tun. Doch das Leben ist nicht immer so perfekt, wie es scheint.

Ihr Symbol sind zwei erhobene Hände, die eine Schüssel balancieren. Man interpretiert es als die Wahl zwischen gleichwertigen Alternativen oder auch die beiden Seiten einer Medaille. Dies bedeutet, daß andere die Beweggründe hinter Ihren Taten nicht immer richtig durchschauen.

Persönlichkeit

Selbst wenn Sie sich immer tadellos und völlig selbstlos verhalten, ernten Sie selten Lob: Das ist zwangsläufig ziemlich frustrierend. Lassen Sie sich dadurch jedoch nicht verdrießen.

Denken Sie daran, daß Sie im Kern ein unbekümmerter Mensch sind und hervorragende Erfolgs- und Glückschancen besitzen, was andere vielleicht weniger schätzen. Verfallen Sie nicht in Verachtung oder Zynismus, denn das würde Ihnen nur schaden.

Vermutlich sind Sie ausgesprochen attraktiv, und die meisten Menschen finden Sie temperamentvoll und lebendig. Damit wecken Sie allerdings den Neid der anderen. Dagegen hilft am besten, sich selber treu zu bleiben.

Weibliche Merkmale

Insbesondere weibliche Affen im Obstbaum wecken oft großen Neid, sei es bei Freunden oder gar bei Angehörigen – diese leiden manchmal unter dem Eindruck, nur die Menschen Ihres Zeichens seien mit Schönheit und Glück überschüttet worden.

Freundschaft

Überraschenderweise fühlen Sie sich gerade wegen Ihres Glücks und Erfolges manchmal einsam. Widmen Sie daher Freundschaften genügend Aufmerksamkeit, und wiegen Sie sich

Affe im Obstbaum

nicht in dem Irrglauben, diese regelten sich ohne Ihr Zutun am besten.

Aussichten

Auch wenn Sie von Vorgesetzten selten ein Lob hören, müßten diese Ihre guten Eigenschaften eigentlich zu schätzen wissen. Ihnen öffnet sich manche Türe, und es werden Ihnen eine Menge verlockender Angebote gemacht. Vermutlich ergibt sich auch der erhoffte berufliche Aufstieg, solange Sie nur willens sind, jede sich bietende Herausforderung anzunehmen.

Da der Affe im Obstbaum unter einem guten Stern lebt, sollten Sie sich bemühen, auf jede Chance positiv zu reagieren.

Der elegante Affe

1932 und 1992

Der elegante Affe hat einen komplizierten Charakter und ist gewöhnlich sehr von sich eingenommen, weswegen man ihm häufig Arroganz vorwirft.

Man sagt Ihnen nach, Sie verstünden mit Ihrem Pfund zu wuchern. Das ist ein gutes Omen, denn es gelingt Ihnen, durch eigene Anstrengung voranzukommen. Sie besitzen ein untrügliches Gespür für den richtigen Zeitpunkt, die Ernte einzubringen.

Persönlichkeit

Ihr Charakter wirkt manchmal widersprüchlich. Obwohl Sie im Grunde ein ausgesprochen freundlicher Mensch sind, treten Sie gelegentlich etwas großspurig und arrogant auf.

Die Folge dieser widersprüchlichen Charakterzüge sind häufig starke Stimmungsumschwünge. Sie lassen Ihrem Überschwang gern freien Lauf, doch wenn sich jemand durch Ihr Verhalten gestört fühlt, wird Ihnen selbst ganz kläglich zumute.

Da diese Stimmungsschwankungen Sie unweigerlich belasten, sollten Sie damit umzugehen lernen. Die beste Lösung wäre, das Problem anzupacken und es durch Freundlichkeit zu entschärfen.

Es ist wichtig, daß Sie sich selbst in Ihrer Komplexität akzeptieren. Das gibt Ihnen Kraft und bringt Sie vielleicht auch zu der Erkenntnis, wie Sie Ihre inneren Widersprüche nutzbringend einsetzen können.

Ihre Sparsamkeit grenzt schon an Geiz, was zu Problemen führen kann. Andere fühlen sich in Ihrer Gesellschaft womöglich unwohl oder unterstellen argwöhnisch böse Absichten.

Am Haushalten an sich ist zwar nichts verkehrt, doch extreme und überzogene Sparsamkeit würde Ihre Mitmenschen nur vor den Kopf stoßen.

Eleganter Affe

Karriere

Mit Ihrem Temperament können Sie es weit bringen, aber hüten Sie sich vor der unerwünschten Aufmerksamkeit, die ein Leben im Rampenlicht zwangsläufig mit sich bringt.

Familie

Wenn Sie Ihren Partner mit Bedacht wählen, finden Sie mit ihm das große Glück. Der richtige Partner steht Ihnen dann treu und fürsorglich zur Seite. Ihre Kinder profitieren zweifelsfrei von Ihrem gesellschaftlichen Status und werden Ihnen bestimmt immer Freude machen.

Aussichten

Sie verfügen über ein enormes Potential. Wenn Sie lernen, Ihre inneren Konflikte mit Reife, aber auch mit Risikobewußtsein und Freude zu handhaben, können Sie große Dinge leisten. Die Chancen, zu Ruhm und Erfolg zu kommen, stehen bei Ihnen weit besser als bei den meisten anderen.

Ihr chinesischer Geburtsmonat

Sehen Sie in der Tabelle Ihres Geburtsjahres nach, in welchen Monat Ihr Geburtstag fällt. Wenn Sie zum Beispiel am 30. August 1956 geboren wurden, ist es der 7. chinesische Monat.

1 Sie lieben das Risiko. Beherzigen Sie aber gute Ratschläge, und vermeiden Sie amouröse Verwicklungen.

2 Sie stehen zu Ihrem Wort, doch trügt Sie Ihr Urteilsvermögen manchmal. Vorsicht, wenn es um Gefühle geht!

3 Sie sind lebenslustig. Nehmen Sie die Arbeit aber nicht allzu leicht, denn das könnte Sie den Job kosten.

4 Sie arbeiten fleißig und genießen hohe Achtung. Zudem besitzen Sie einen ausgeprägten Gerechtigkeitssinn.

5 Träume liegen Ihnen besser als die Wirklichkeit. Versuchen Sie realistisch zu sein, und nutzen Sie Ihre Talente.

6 Mit Ihrer Begabung müßte Ihnen Erfolg beschieden sein. Doch neigen Sie zu heftigen Stimmungsschwankungen.

7 Sie sind ehrlich, arbeitsam und geschmackvoll. Hürden nehmen Sie normalerweise mit Leichtigkeit.

8 Sie sind kreativ, möglicherweise aber puritanisch streng. Beurteilen Sie andere nicht zu kritisch.

9 Sie sind nervös und schreckhaft. Überwinden Sie Ihre Neigung, sich vor dem Leben zurückzuziehen.

10 Sie halten am liebsten das Heft in der Hand. Dank Ihrer Tatkraft gewinnen Sie viele Freunde.

11 Sie sind extravagant und sehr offen. Mit zunehmender Reife stoßen Sie auf mehr Verständnis.

12 Sie sind gewissenhaft und aufmerksam, doch Ihre Persönlichkeit weist auch Schatten auf.

* Einige Jahre enthalten Doppelmonate:

1944: 4. Monat	1968: 7. Monat
23. April - 21. Mai	25. Juli - 23. Aug.
22. Mai - 20. Juni	24. Aug. - 21. Sept.

2004: 2. Monat
20. Feb. - 20. März
21. März - 18. April

1908	
2. Feb. - 2. März	1
3. März - 31. März	2
1. April - 29. April	3
30. April - 29. Mai	4
30. Mai - 28. Juni	5
29. Juni - 27. Juli	6
28. Juli - 26. Aug.	7
27. Aug. - 24. Sept.	8
25. Sept. - 24. Okt.	9
25. Okt. - 23. Nov.	10
24. Nov. - 22. Dez.	11
23. Dez. - 21. Jan. 1909	12

1920	
20. Feb. - 19. März	1
20. März - 18. April	2
19. April - 17. Mai	3
18. Mai - 15. Juni	4
16. Juni - 15. Juli	5
16. Juli - 13. Aug.	6
14. Aug. - 11. Sept.	7
12. Sept. - 11. Okt.	8
12. Okt. - 9. Nov.	9
10. Nov. - 9. Dez.	10
10. Dez. - 8. Jan. 1921	11
9. Jan. - 7. Feb.	12

1932	
6. Feb. - 6. März	1
7. März - 5. April	2
6. April - 5. Mai	3
6. Mai - 3. Juni	4
4. Juni - 3. Juli	5
4. Juli - 1. Aug.	6
2. Aug. - 31. Aug.	7
1. Sept. - 29. Sept.	8
30. Sept. - 28. Okt.	9
29. Okt. - 27. Nov.	10
28. Nov. - 26. Dez.	11
27. Dez. - 25. Jan. 1933	12

1944	
25. Jan. - 23. Feb.	1
24. Feb. - 23. März	2
24. März - 22. April	3
*Siehe Kasten »Doppelmonate«	4
21. Juni - 19. Juli	5
20. Juli - 18. Aug.	6
19. Aug. - 16. Sept.	7
17. Sept. - 16. Okt.	8
17. Okt. - 15. Nov.	9
16. Nov. - 14. Dez.	10
15. Dez. - 13. Jan. 1945	11
14. Jan. - 12. Feb.	12

1956	
12. Feb. - 11. März	1
12. März - 10. April	2
11. April - 9. Mai	3
10. Mai - 8. Juni	4
9. Juni - 7. Juli	5
8. Juli - 5. Aug.	6
6. Aug. - 4. Sept.	7
5. Sept. - 3. Okt.	8
4. Okt. - 2. Nov.	9
3. Nov. - 1. Dez.	10
2. Dez. - 31. Dez.	11
1. Jan. - 30. Jan. 1957	12

1968	
30. Jan. - 27. Feb.	1
28. Feb. - 28. März	2
29. März - 26. April	3
27. April - 26. Mai	4
27. Mai - 25. Juni	5
26. Juni - 24. Juli	6
*Siehe Kasten »Doppelmonate«	7
22. Sept. - 21. Okt.	8
22. Okt. - 19. Nov.	9
20. Nov. - 19. Dez.	10
20. Dez. - 17. Jan. 1969	11
18. Jan. - 16. Feb.	12

1980	
16. Feb. - 16. März	1
17. März - 14. April	2
15. April - 13. Mai	3
14. Mai - 12. Juni	4
13. Juni - 11. Juli	5
12. Juli - 10. Aug.	6
11. Aug. - 8. Sept.	7
9. Sept. - 8. Okt.	8
9. Okt. - 7. Nov.	9
8. Nov. - 6. Dez.	10
7. Dez. - 5. Jan. 1981	11
6. Jan. - 4. Feb.	12

1992	
4. Feb. - 3. März	1
4. März - 2. April	2
3. April - 2. Mai	3
3. Mai - 31. Mai	4
1. Juni - 29. Juni	5
30. Juni - 29. Juli	6
30. Juli - 27. Aug.	7
28. Aug. - 25. Sept.	8
26. Sept. - 25. Okt.	9
26. Okt. - 23. Nov.	10
24. Nov. - 23. Dez.	11
24. Dez. - 22. Jan. 1993	12

2004	
22. Jan. - 19. Feb.	1
*Siehe Kasten »Doppelmonate«	2
19. April - 18. Mai	3
19. Mai - 17. Juni	4
18. Juni - 16. Juli	5
17. Juli - 15. Aug.	6
16. Aug. - 13. Sept.	7
14. Sept. - 13. Okt.	8
14. Okt. - 11. Nov.	9
12. Nov. - 11. Dez.	10
12. Dez. - 9. Jan. 2005	11
10. Jan. - 8. Feb.	12

Ihr chinesischer Geburtstag

ZUNÄCHST STELLEN SIE MIT HILFE DER TABELLE AUF SEITE 37 DEN BEGINN IHRES CHINESISCHEN GEBURTSMONATS FEST, DANN ERRECHNEN SIE ANHAND DER HIER ABGEBILDETEN TABELLE IHREN GEBURTSTAG.

Wenn Sie am 5. Mai 1956 geboren wurden, fällt Ihr Geburtstag in den chinesischen Monat, der am 11. April beginnt. Suchen Sie unten in der Tabelle die 11. Zählen Sie von hier die Tage bis zu Ihrem Geburtstag. Bedenken Sie, daß nicht alle Monate 31 Tage haben. In unserem Beispiel sind Sie am 25. Tag des chinesischen Monats geboren. Sind Sie in einem Doppelmonat geboren, zählen Sie einfach die Tage vom ersten Tag Ihres Geburtsmonats.

1	2	3	4	5	6	7
8	9	10	11	12	13	14
15	16	17	18	19	20	21
22	23	24	25	26	27	28
29	30	31				

1., 10., 19. oder 28. Tag
Sie sind zuverlässig und verlangen viel von sich und anderen, neigen aber zu übertriebener Eile. Lassen Sie Vorsicht walten, und denken Sie nicht nur an sich. Vielleicht kommen Sie unverhofft zu Geld, trotzdem sollten Sie gut haushalten. Beruflich stehen Sie gern in der Öffentlichkeit.

2., 11., 20. oder 29. Tag
Sie sind aufrichtig und allgemein beliebt. Obwohl Sie Ruhe lieben, brauchen Sie den Umgang mit Menschen. Sie können das Leben genießen und machen das Beste daraus. Ihnen steht eine literarische oder künstlerische Karriere offen.

3., 12., 21. oder 30. Tag
Sie besitzen eine rasche Auffassungsgabe, gelten aber als schwierig, was manche Leute abschreckt. Sie sind sehr diszipliniert, kämpfen für die Wahrheit und können sich in allen Berufen mit Wettbewerbscharakter profilieren.

4., 13., 22. oder 31. Tag
Sie sind sehr warmherzig, wirken aber oft reserviert und unnahbar. Wenn Sie mehr aus sich herausgehen und kontaktfreudiger werden, können Sie bald neue Freunde gewinnen. Ihre ruhige, geduldige Art prädestiniert Sie für eine Karriere als Akademiker oder Wissenschaftler.

5., 14. oder 23. Tag
Ihre hitzköpfige Art und Ihre Sturheit hindern Sie oft daran, auf die Vorschläge oder Meinungen anderer einzugehen. Das führt nicht selten zu Streitereien und Problemen. In Geldangelegenheiten haben Sie eine glückliche Hand, nicht selten investieren Sie Ihre Gewinne in neue Projekte. Mit Ihrer angeborenen Intelligenz sind Sie auch hohen beruflichen Anforderungen gewachsen.

6., 15. oder 24. Tag
Sie haben ein offenes, heiteres Wesen und sind seelisch gefestigt. Ihr reiches Gefühlsleben fördert die Neigung zu Tagträumen. Das schafft gelegentlich Verwirrung, und Ihre Hilfsbereitschaft wird leicht durch Unentschlossenheit gelähmt. Obwohl Ihnen großer Reichtum versagt bleibt, haben Sie immer genug zum Leben.

7., 16. oder 25. Tag
Gegen ein wenig Aufregung haben Sie nichts einzuwenden, aber Sie müssen lernen, realistischer und disziplinierter zu sein. Auch als geborener Entertainer, dem kaum etwas verübelt wird, sollten Sie sich hüten, Ihre Freunde vor den Kopf zu stoßen. Im Beruf ist Ihnen Reisen wichtiger als die Höhe des Gehalts oder ein hoher Lebensstandard.

8., 17. oder 26. Tag
Sie besitzen ein gutes Urteilsvermögen, sollten aber nicht überstürzt handeln. Gelegentlich mangelt es Ihnen an Taktgefühl und Einfühlungsvermögen: Bemühen Sie sich, mehr auf andere einzugehen. Sie lernen Armut, aber auch Reichtum kennen. Ihr Unabhängigkeitsstreben, Ihre Ruhe und Entschlossenheit qualifizieren Sie für einen freien Beruf.

9., 18. oder 27. Tag
Sie sind mit Glück, Optimismus und Warmherzigkeit gesegnet. In Ihrem Tatendrang lassen Sie sich nicht von trivialen Problemen bremsen. Gelegentlich suchen Sie unnötig Streit. Bemühen Sie sich also, Ihre Launen zu mäßigen. Am besten machen Sie sich als Chef Ihrer eigenen Firma selbständig.

Ihre chinesische Geburtsstunde

Eine chinesische Stunde entspricht zwei Stunden westlicher Zeit. Jeder Doppelstunde wird eines der zwölf Tierkreiszeichen zugeordnet.

23.00–1.00 Uhr: Ratte
Sie sind unabhängig und haben ein hitziges Temperament. Überlegen Sie sorgfältig, was Sie sagen. Ihre Sparsamkeit ist im Geschäftsleben ebenso nützlich wie im Haushalt. Sie helfen gern Ihren Freunden, und diese werden es Ihnen danken.

1.00–3.00 Uhr: Büffel
Bis zum Alter von 20 Jahren könnte Ihr Leben schwierig verlaufen, aber nach dieser harten Anfangsphase haben Sie mehr Glück. Im Berufsleben sollten Sie bereit sein, Wagnisse einzugehen, wenn Sie Ihr Ziel erreichen wollen. Im Alter ist Ihnen Wohlstand beschieden.

3.00–5.00 Uhr: Tiger
Sie sind lebhaft und kreativ, was in jungen Jahren zu Familienstreitigkeiten führen kann. Zwischen dem zwanzigsten und vierzigsten Lebensjahr können Probleme auftreten. Doch danach wird sich das Glück wieder zu Ihrem Vorteil wenden.

5.00–7.00 Uhr: Hase
Ihre Eltern stehen zu Ihnen, aber mit den Geschwistern kann es zu Rivalitäten kommen. Vielleicht müssen Sie, um beruflich voranzukommen, in eine andere Stadt ziehen, fern von Freunden und Familie. Feste Beziehungen entwickeln sich langsam. Ab der Lebensmitte kommen Sie mit Ihren Mitmenschen viel besser aus.

7.00–9.00 Uhr: Drache
Sie sind aufgeweckt, entschlußfreudig und ziehen andere Menschen an. Obwohl Sie mitten im Leben stehen, fühlen Sie sich manchmal einsam. Ihr übersteigertes Selbstbewußtsein könnte sich ungünstig auf Ihre Beziehungen auswirken. Sie erreichen einen hohen Lebensstandard.

9.00–11.00 Uhr: Schlange
Mit Ihrem Talent fürs Geschäftsleben fällt es Ihnen leicht, Karriere zu machen und Ihre Familie zu ernähren. Sie sind überaus großzügig und helfen bereitwillig Ihren in Not geratenen Freunden. Achten Sie darauf, daß Unstimmigkeiten innerhalb der Familie immer schnell bereinigt werden.

11.00–13.00 Uhr: Pferd
Sie sind aktiv, klug und hartnäckig. Schlagen Sie gute Ratschläge nicht in den Wind. Sie reisen gern und lieben Abwechslung. Ein allzu extravagantes Leben könnte Sie jedoch in finanzielle Schwierigkeiten bringen.

13.00–15.00 Uhr: Ziege
Aufgrund Ihrer großen Aktivität fällt es Ihnen schwer, stabile Beziehungen zu Angehörigen, Freunden und Partnern aufzubauen. Trotz Ihrer Intelligenz dürfen Sie anderen nicht Ihre Meinung aufzwingen. In mittleren Jahren macht sich das Glück etwas rar.

15.00–17.00 Uhr: Affe
Sie geben das Geld ebenso schnell aus, wie Sie es verdienen. Sie haben eine große Anziehungskraft, aber Sie können auch Enttäuschungen bereiten. Vielleicht haben Sie von Ihren Eltern nicht genug Unterstützung erhalten. Ihre Partnerschaft ist in der Regel gut. Versuchen Sie, eventuelle Probleme möglichst schnell zu lösen.

17.00–19.00 Uhr: Hahn
Als Jugendlicher haben Sie oft Streit mit Ihrer Familie. Manchmal entsteht dadurch eine tiefe Kluft, die sich jedoch mit der Zeit sicher wieder schließen läßt. Sie sind zuverlässig, freundlich und warmherzig und würden nie absichtlich jemanden verletzen.

19.00–21.00 Uhr: Hund
Mit Ihrem Mut, Können und Fleiß sind Sie der ideale Freiberufler, und Sie werden vermutlich eine vielversprechende Karriere machen. Allerdings sollten Sie sich vor Ungeduld und Eitelkeit hüten. Lebensqualität wird Ihnen immer wichtiger sein als finanzielles Vermögen.

21.00–23.00 Uhr: Schwein
Ihre besondere Begabung liegt im Handwerklichen, und Sie stellen an sich selbst immer die höchsten Anforderungen. Trotz Ihrer Warmherzigkeit beschränkt sich Ihr Freundeskreis auf wenige Menschen. Wer Ihnen nahesteht, genießt jedoch Ihr uneingeschränktes Vertrauen. Sie sind leicht in Rage zu bringen, vergeben und vergessen aber auch schnell.

Ihr Schicksal im Lauf der Jahre

Nicht in jedem Jahr des Tierkreises geht es dem Affen gleich gut. Sie sollten sich auf die positiven Aspekte konzentrieren und dem scheinbar Negativen mit Vorsicht begegnen.

Jahr der Ratte
Obgleich Ihnen im Jahr der Ratte Erfolg beschieden ist, können Sie ihn nicht recht genießen, denn Sie werden von Ihrer Vergangenheit verfolgt. Sobald Sie Ihre inneren Konflikte gelöst haben, müßte es Ihnen deutlich besser gehen.

Jahr des Büffels
In familiärer wie in beruflicher Hinsicht ist das Jahr des Büffels äußerst vielversprechend. Sie werden mit einigen kleineren Problemen konfrontiert, doch sollten diese Ihr Glück und Ihren Erfolg in diesem Jahr nicht beeinträchtigen.

Jahr des Tigers
Häusliche Schwierigkeiten erfordern vielleicht einige Reisen. Während Ihrer Abwesenheit bewältigen Sie jedoch Ihre finanzielle Krise, was wiederum zu einem besseren Familienleben führt.

Jahr des Hasen
Im Jahr des Hasen verwandelt sich alles, was Sie anpacken, in Gold. Sie haben Erfolg auf der ganzen Linie. Ihre Umwelt mag sich über Ihre plötzliche Glückssträhne wundern, doch haben Sie sich die Belohnung redlich verdient.

Jahr des Drachen
Es erwartet Sie ein wechselhaftes Schicksal, das Sie aus der gewohnten Bahn werfen könnte. Dennoch bringt das Jahr des Drachen auch unerwartete Erfolge. Hüten Sie sich vor drohenden Unfällen, und denken Sie, ehe Sie handeln.

Jahr der Schlange

Obwohl Sie im Jahr der Schlange in der Gunst Ihrer Vorgesetzten stehen, scheinen doch übermäßig viele Schwierigkeiten auf Sie einzustürmen. Die Ursache dieser Probleme ist offenbar im Unmut anderer Leute, vor allem von Arbeitskollegen, zu suchen.

Jahr des Pferdes

In diesem harten Jahr erwartet Sie eine scheinbar nicht enden wollende Kette von Widrigkeiten und Prüfungen. Bewahren Sie die Ruhe. Manchen Schwierigkeiten können Sie mit etwas Überlegung und Umsicht aus dem Weg gehen.

Jahr der Ziege

Leider steht der Affe im Jahr der Ziege unter keinem guten Stern. Sie sind besonders anfällig für Krankheiten, die Sie schwächen, und fühlen sich oft enttäuscht und einsam. Daher sollten Sie besonders gut auf sich achten, und sich gelegentlich etwas Schönes gönnen.

Jahr des Affen

In Ihrem eigenen Jahr erwartet Sie zu Recht die Gunst des Schicksals. Sie werden bestimmt nicht enttäuscht und dürfen sich von den Niederlagen des vergangenen Jahres erholen. Es lohnt sich, alte Freundschaften wiederzubeleben.

Jahr des Hahns

Im Jahr des Hahns müssen Sie auf allen Lebensgebieten sehr vorsichtig und klug agieren. Voraussichtlich wird es ein hartes und problembeladenes Jahr werden. Wählen Sie Ihre Freunde mit Bedacht.

Jahr des Hundes

Mit Ihrem Verhalten könnten Sie im Jahr des Hundes für erheblichen Kummer sorgen, der andere Menschen verletzen und Ihnen selbst schaden wird. Auf alle Fälle wird es ein schwieriges, anstrengendes und verwirrendes Jahr, das Sie überstehen müssen.

Jahr des Schweins

In finanziellen Angelegenheiten ist größte Vorsicht und Zurückhaltung geboten. Der Versuchung zu ausgedehnten Reisen sollten Sie widerstehen, denn Sie müßten in emotionaler wie auch in finanzieller Hinsicht einen hohen Preis bezahlen.

Ihr chinesisches Geburtsjahr

Ihr Tierkreiszeichen richtet sich nach Ihrem chinesischen Geburtsjahr. Dieses ist der wichtigste Schlüssel zum chinesischen Horoskop.

In der linken Spalte der Tabelle ist Ihr Geburtsjahr nach dem westlichen Kalender verzeichnet. In der rechten Spalte derselben Zeile finden Sie Ihr chinesisches Tierkreiszeichen. Achten Sie jedoch auf den Jahresbeginn in der mittleren Spalte der Tabelle, wenn Sie in den ersten Monaten des Jahres geboren sind.

Beispiel: Sie sind 1969 geboren, vermutlich also im Jahr des Hahns; liegt Ihr Geburtstag jedoch vor dem 17. Februar, gehören Sie in das Jahr des Affen.

1900	31. Jan. - 18. Feb. 1901	Ratte
1901	19. Feb. - 7. Feb. 1902	Büffel
1902	8. Feb. - 28. Jan. 1903	Tiger
1903	29. Jan. - 15. Feb. 1904	Hase
1904	16. Feb. - 3. Feb. 1905	Drache
1905	4. Feb. - 24. Jan. 1906	Schlange
1906	25. Jan. - 12. Feb. 1907	Pferd
1907	13. Feb. - 1. Feb. 1908	Ziege
1908	2. Feb. - 21. Jan. 1909	Affe
1909	22. Jan. - 9. Feb. 1910	Hahn
1910	10. Feb. - 29. Jan. 1911	Hund
1911	30. Jan. - 17. Feb. 1912	Schwein
1912	18. Feb. - 5. Feb. 1913	Ratte
1913	6. Feb. - 25. Jan. 1914	Büffel
1914	26. Jan. - 13. Feb. 1915	Tiger
1915	14. Feb. - 2. Feb. 1916	Hase
1916	3. Feb. - 22. Jan. 1917	Drache

1917	23. Jan. - 10. Feb. 1918	Schlange
1918	11. Feb. - 31. Jan. 1919	Pferd
1919	1. Feb. - 19. Feb. 1920	Ziege
1920	20. Feb. - 7. Feb. 1921	Affe
1921	8. Feb. - 27. Jan. 1922	Hahn
1922	28. Jan. - 15. Feb. 1923	Hund
1923	16. Feb. - 4. Feb. 1924	Schwein
1924	5. Feb. - 23. Jan. 1925	Ratte
1925	24. Jan. - 12. Feb. 1926	Büffel
1926	13. Feb. - 1. Feb. 1927	Tiger
1927	2. Feb. - 22. Jan. 1928	Hase
1928	23. Jan. - 9. Feb. 1929	Drache
1929	10. Feb. - 29. Jan. 1930	Schlange
1930	30. Jan. - 16. Feb. 1931	Pferd
1931	17. Feb. - 5. Feb. 1932	Ziege
1932	6. Feb. - 25. Jan. 1933	Affe
1933	26. Jan - 13. Feb. 1934	Hahn

1934	14. Feb. - 3. Feb. 1935	Hund
1935	4. Feb. - 23. Jan. 1936	Schwein
1936	24. Jan. - 10. Feb. 1937	Ratte
1937	11. Feb. - 30. Jan. 1938	Büffel
1938	31. Jan. - 18. Feb. 1939	Tiger
1939	19. Feb. - 7. Feb. 1940	Hase
1940	8. Feb. - 26. Jan. 1941	Drache
1941	27. Jan. - 14. Feb. 1942	Schlange
1942	15. Feb. - 4. Feb. 1943	Pferd
1943	5. Feb. - 24. Jan. 1944	Ziege
1944	24. Jan. - 12. Feb. 1945	Affe
1945	13. Feb. - 1. Feb. 1946	Hahn
1946	2. Feb. - 21. Jan. 1947	Hund
1947	22. Jan. - 9. Feb. 1948	Schwein
1948	10. Feb. - 28. Jan. 1949	Ratte
1949	29. Jan. - 16. Feb. 1950	Büffel
1950	17. Feb. - 5. Feb. 1951	Tiger
1951	6. Feb. - 26. Jan. 1952	Hase
1952	27. Jan. - 13. Feb. 1953	Drache
1953	14. Feb. - 2. Feb. 1954	Schlange
1954	3. Feb. - 23. Jan. 1955	Pferd
1955	24. Jan. - 11. Feb. 1956	Ziege
1956	12. Feb. - 30. Jan. 1957	Affe
1957	31. Jan. - 17. Feb. 1958	Hahn
1958	18. Feb. - 7. Feb. 1959	Hund
1959	8. Feb. - 27. Jan. 1960	Schwein
1960	28. Jan. - 14. Feb. 1961	Ratte
1961	15. Feb. - 4. Feb. 1962	Büffel
1962	5. Feb. - 24. Jan. 1963	Tiger
1963	25. Jan. - 12. Feb. 1964	Hase
1964	13. Feb. - 1. Feb. 1965	Drache
1965	2. Feb. - 20. Jan. 1966	Schlange
1966	21. Jan. - 8. Feb. 1967	Pferd
1967	9. Feb. - 29. Jan. 1968	Ziege
1968	30. Jan. - 16. Feb. 1969	Affe
1969	17. Feb. - 5. Feb. 1970	Hahn
1970	6. Feb. - 26. Jan. 1971	Hund

1971	27. Jan. - 14. Feb. 1972	Schwein
1972	15. Feb. - 2. Feb. 1973	Ratte
1973	3. Feb. - 22. Jan. 1974	Büffel
1974	23. Jan. - 10. Feb. 1975	Tiger
1975	11. Feb. - 30. Jan. 1976	Hase
1976	31. Jan. - 17. Fcb. 1977	Drache
1977	18. Feb. - 6. Feb. 1978	Schlange
1978	7. Feb. - 27. Jan. 1979	Pferd
1979	28. Jan. - 15. Feb. 1980	Ziege
1980	16. Feb. - 4. Feb. 1981	Affe
1981	5. Feb. - 24. Jan. 1982	Hahn
1982	25. Jan. - 12. Feb. 1983	Hund
1983	13. Feb. - 1. Feb. 1984	Schwein
1984	2. Feb. - 19. Feb. 1985	Ratte
1985	20. Feb. - 8. Feb. 1986	Büffel
1986	9. Feb. - 28. Jan. 1987	Tiger
1987	29. Jan. - 16. Feb. 1988	Hase
1988	17. Feb. - 5. Feb. 1989	Drache
1989	6. Feb. - 26. Jan. 1990	Schlange
1990	27. Jan. - 14. Feb. 1991	Pferd
1991	15. Feb. - 3. Feb. 1992	Ziege
1992	4. Feb. - 22. Jan. 1993	Affe
1993	23. Jan. - 9. Feb. 1994	Hahn
1994	10. Feb. - 30. Jan. 1995	Hund
1995	31. Jan. - 18. Feb. 1996	Schwein
1996	19. Feb. - 6. Feb. 1997	Ratte
1997	7. Feb. - 27. Jan. 1998	Büffel
1998	28. Jan. - 15. Feb. 1999	Tiger
1999	16. Feb. - 4. Feb. 2000	Hase
2000	5. Feb. - 23. Jan. 2001	Drache
2001	24. Jan. - 11. Feb. 2002	Schlange
2002	12. Feb. - 31. Jan. 2003	Pferd
2003	1. Feb. - 21. Jan. 2004	Ziege
2004	22. Jan. - 8. Feb. 2005	Affe
2005	9. Feb. - 28. Jan. 2006	Hahn
2006	29. Jan. - 17. Feb. 2007	Hund
2007	18. Feb. - 6. Feb. 2008	Schwein